Le Luxe d'être Soi

Le Luxe d'être Soi

Laurence Estienne

Les éditions Plum'issime

Le Luxe d'être Soi

Préface

Le Luxe d'être Soi

Le Luxe d'être Soi

« Laurence Estienne est une personne rayonnante, très courageuse, généreuse et joyeuse. Une personne très inspirante qui fait du bien quand on échange avec elle, qui apaise, réconforte et qui donne la force pour soi. »

Ce florilège de compliments écrit par une fidèle lectrice de ma bibliographie, loin de flatter mon égo, fleurit davantage mon parcours de vie de couleurs multicolores éclatantes tel un tapis de fleurs dont les senteurs se diffusent à chacun de mes pas.

Parcourir le chemin vers le bonheur et la sérénité demande un investissement personnel dont les minutes se décomptent du cadran de la vie à dose homéopathique, avec patience et persévérance, vers le but d'apaisement recherché. Quel luxe d'être soi ! L'objectif se focalise sur sa propre personne, loin des sollicitations et des contraintes qu'impose la société. Lâcher prise et prendre soin de soi est un luxe de nos jours car la vie active et moderne appelle à la surexcitation, à la vitesse, aux multi-activités, à la performance... en somme à la perte de son être intérieur.

Le jugement devient alors un mode de vie dès le plus jeune âge. Observé à tout instant tout au long de sa vie, par l'œil du voisin, du patron, des enfants... qui demandent toujours plus. La vraie priorité laisse alors la place à l'individualisme, à la concurrence et au profit.

Ne vous êtes-vous jamais posé les questions suivantes : Pour quelles raisons je cours toujours ? Est-ce réellement nécessaire, utile, bienfaisant ? Quelle image de moi reflète dans la glace ? Comment me perçoivent les gens autour de moi ? Qui suis-je vraiment ?

Il est désormais temps de s'interroger et de s'intéresser à soi. Le premier geste important réalisé est d'avoir feuilleté ce livre qui vous a attiré. Vous cherchez les clés du bien-être -non pas d'artifices qui rendent plus ceci ou cela- mais bien les atouts d'accomplissement personnel. L'essayiste Joseph Joubert avait bien compris dans sa maxime : « Le plus beau des courages, celui d'être heureux. »

Il est évident que le fait de ne rien attendre des autres fera votre force. Vous serez ainsi capable de réagir positivement, vous conforter, vous sauver, vous défendre, vous apaiser par votre seule pensée. La volonté pousse vers les voies sacrées de satisfaction, de plénitude et de fierté.

Au travers de ce livre, vous accomplirez votre chemin de vie, suivrez votre propre route colorée jonchée de fleurs multicolores et humerez leurs senteurs acidulées si chères à votre humeur joyeuse pour créer votre parfum du bonheur.

Partie I :

Humer les fausses senteurs au Bien-être

Chapitre 1   Sur le chemin odorant de l'abandon de Soi

Métro-boulot-dodo ! Si nous regardons précisément notre temps passé dans la journée, les semaines et les mois écoulés, nous constatons inévitablement une course effrénée contre la montre. Ce chemin tracé par la vie active et la vie familiale nous contraint à des horaires figés, à un rythme de vie cadré, à une éternelle mise en mouvements focalisée sur autrui.

Qui n'a pas rêvé un jour vouloir davantage de vacances, calme et de douceur, de repos et surtout de temps libre sans contrainte ? La vie moderne, dont les maîtres mots sont l'efficience et le rendement, est responsable de bien des maux : stress, troubles du comportement et troubles alimentaires, manque de sommeil et irritabilité… Les effets sont dévastateurs. Notre santé prend le pas sur notre être, ou plus exactement, nos problèmes de santé influent sur notre être intérieur qui s'appauvrit jusqu'à s'évanouir. S'effacer face à l'ampleur de la place laissée à un mode de vie calqué sur l'intérêt financier, productif et individualiste est-il vraiment une fin en soi ? Dès votre plus jeune âge, vous a-t-on poussé vers la productivité, l'efficacité et le rendement ou plutôt vers le regard de l'autre et l'échange entre humains et l'apprentissage ? La valeur foncière ou matérielle est-elle si primordiale ? Qu'est-ce la vraie vie ? Quel atout vous paraît vital à vos yeux ? Un billet de banque ou un sourire ? Quel est le sens donné à votre vie ?

Chacun d'entre nous a eu son lot de blessures, de tristesses, de désaccords, de pertes aussi. Loin d'être un lot de consolation de partager ces troubles, tout un chacun a vécu et aura encore des jours moroses, grisâtres ou embrumés qui n'apportent que des désillusions. Avons-nous l'ambition de surmonter les obstacles et d'en faire un défi ou de subir la contrainte et de rester englué dans la pression de l'échec ? Des difficultés survenues, avons-nous appris leur solutionnement ou sont-elles impossibles à résoudre ?

En fait, laissons-nous couler une larme humide sur notre joue qui rejoint un vaste ruisseau entretenu au fil des années, ou prêtons-nous attention à la vraie valeur des événements pour s'en détacher et rebondir ? Quel est notre état d'esprit ? Quelle est notre force intérieure ?

Suis-je attentif à mon rythme de vie, à mon emploi du temps, à mes engagements ? Comment j'établis mon rythme de vie ?

....
....
....
....
....
....
....
....

Ai-je le sentiment d'occuper mon temps libre selon mes propres goûts, envies, passions ? Pourquoi ?

....
....
....
....
....
....
....

Le Luxe d'être Soi

✋ **Quelle est ma manière de réagir face aux événements dérangeants, perturbateurs, contraignants, difficiles et porteurs d'échec ?**

Dans ma vie personnelle ....
....
....
....
....
....
....
....
....
....

Dans ma vie familiale ....
....
....
....
....
....
....
....
....
....

Dans ma vie professionnelle ....
....
....
....
....
....
....
....
....
....

Le Luxe d'être Soi

Chapitre 2   Les freins à l'épanouissement

« Il n'y a de bon dans l'homme que ses jeunes sentiments ou ses vieilles pensées. » Joseph Joubert avait bien cerné au XVIIIème siècle la complexité de l'être humain composant notre société. De tous temps, les Hommes courent vers un idéal qui n'est qu'un leurre. L'expérience façonne les individus, les prive de liberté d'action, et leur sensation d'être maître de leur destin. Leur ressenti se borne à une certaine souffrance de subir le quotidien sans en avoir aucune prise. Et si la chance s'en mêle, ils auront quelques moments de satisfaction bien loin de leur rêve d'épanouissement crucial pour une vie meilleure.

Ainsi, l'attente de jours meilleurs ressemble à une longue peine privative de liberté, une geôle moderne sans les murs contre toute attente d'un coin de ciel bleu. Tel est ce triste sentiment de vivre qui emprisonne dans la soumission d'un pouvoir invisible, contraint à longueur de temps de subir pour exister, avant d'être l'élu pour le voyage de ses rêves, dans l'ivresse et l'allégresse d'horizon dégagé.

L'innocence, l'émerveillement et la fraîcheur des premières émotions ressemblent à la sagesse des vieilles pensées à un âge certain. Evacuer le trop plein de pression dans les neurones, alléger le moral dans un réflexe inné, et se recentrer sur soi redonnent à son esprit une envie de voir la vie en rose, de partager de bons sentiments, d'ouvrir une part de ciel bleu, d'accueillir un rayon de soleil qui réchauffe l'âme et donne confiance.

L'étude de notre comportement nous amène à une réflexion sincère sur nos attitudes. Car les freins au bien-être contraignent en réalité tout individu à respirer dans un espace réduit, à ne prendre qu'une partie du gâteau qui est servi, ou à n'avoir de cesse que de s'économiser.

De quelle manière réagissons-nous lorsque nous nous bridons ? Le monde tourne sans cesse avec une impression de nous rendre fou car les phénomènes se répètent sans pouvoir s'arrêter. La chaîne des difficultés s'allonge. Le sentiment de perte de confiance en soi s'installe.

Faisons un petit tour d'horizon des différentes réactions habituelles connues pour essayer de vous rapprocher le plus près des possibilités réactionnelles primaires comportementales, mentales et corporelles.

Le Luxe d'être Soi

✋ **Retrouvez-vous dans les 3 bouquets de fleurs des pages suivantes :**

1. A l'aide de surligneurs, de crayons de couleur ou de feutres, colorez les pétales de votre/vos couleur(s) préférée(s) selon l'écho de vos émotions (*par exemple, selon l'intensité du plus clair au plus foncé : du rose au violet ou du bleu au gris sombre*)

2. Trouvez le pétale manquant de chaque fleur selon votre ressenti en indiquant une émotion, un état, une action le cas échéant.

3. Réfléchissez à votre comportement primaire à noter dans le pistil de la fleur.

MON COMPORTEMENT

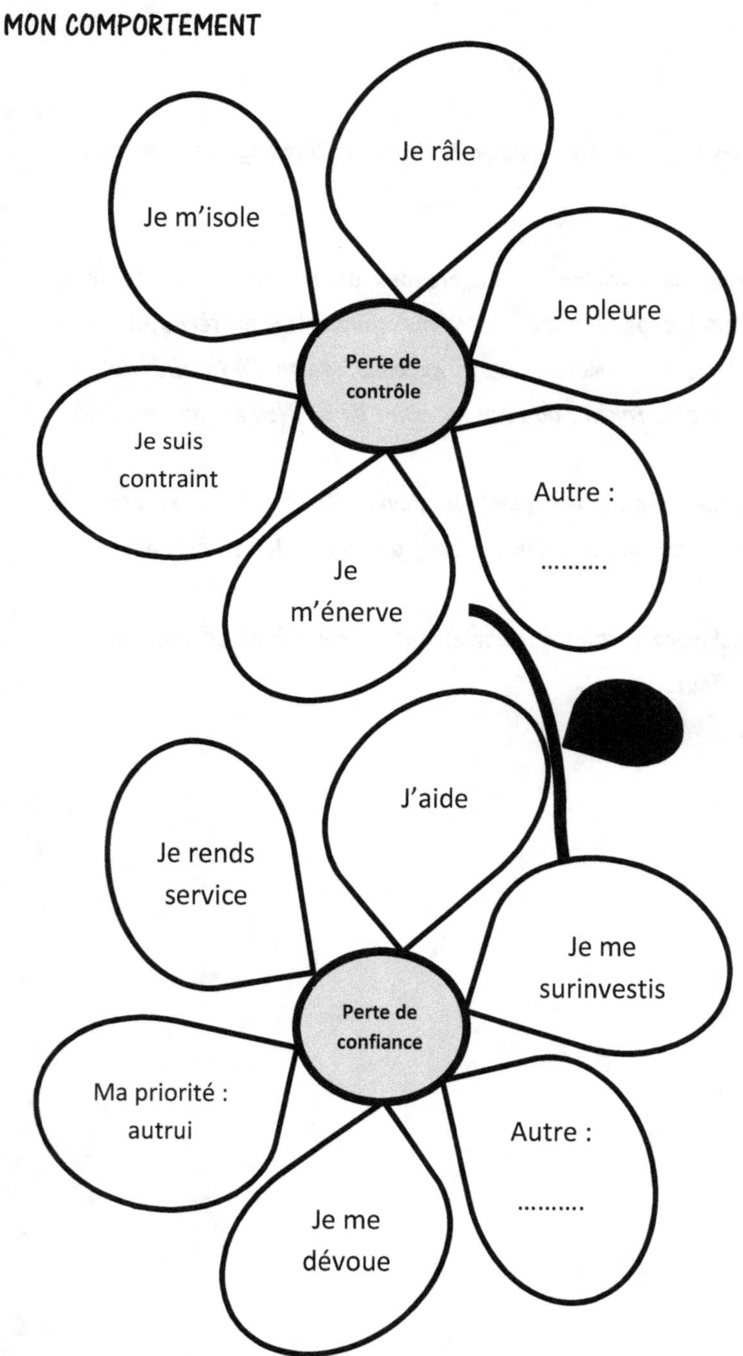

En perdant le pas sur vos émotions, vous perdez votre sang-froid et le recul nécessaire face aux événements. Ne pas être maître de ses émotions induit un comportement dans la peur, le stress et l'incertitude. Votre état d'esprit est sujet aux variations négatives, calqué sur le monde qui vous entoure. La relation aux autres est difficile et le sentiment d'isolement prend le dessus.

La recherche permanente d'utilité, de rendre service ou de s'investir démesurément pour les autres reflète un sentiment de manque de confiance en soi qui s'ajoute à l'oubli de soi-même. En réalité, devancez-vous l'appel à l'aide (quand bien même elle existe réellement) ou attendez-vous la demande claire d'aide ? Votre mise en avant gratuite et fortuite n'est-elle pas un paravent pour vous prouver que vous existez ?

MON ETAT D'ESPRIT

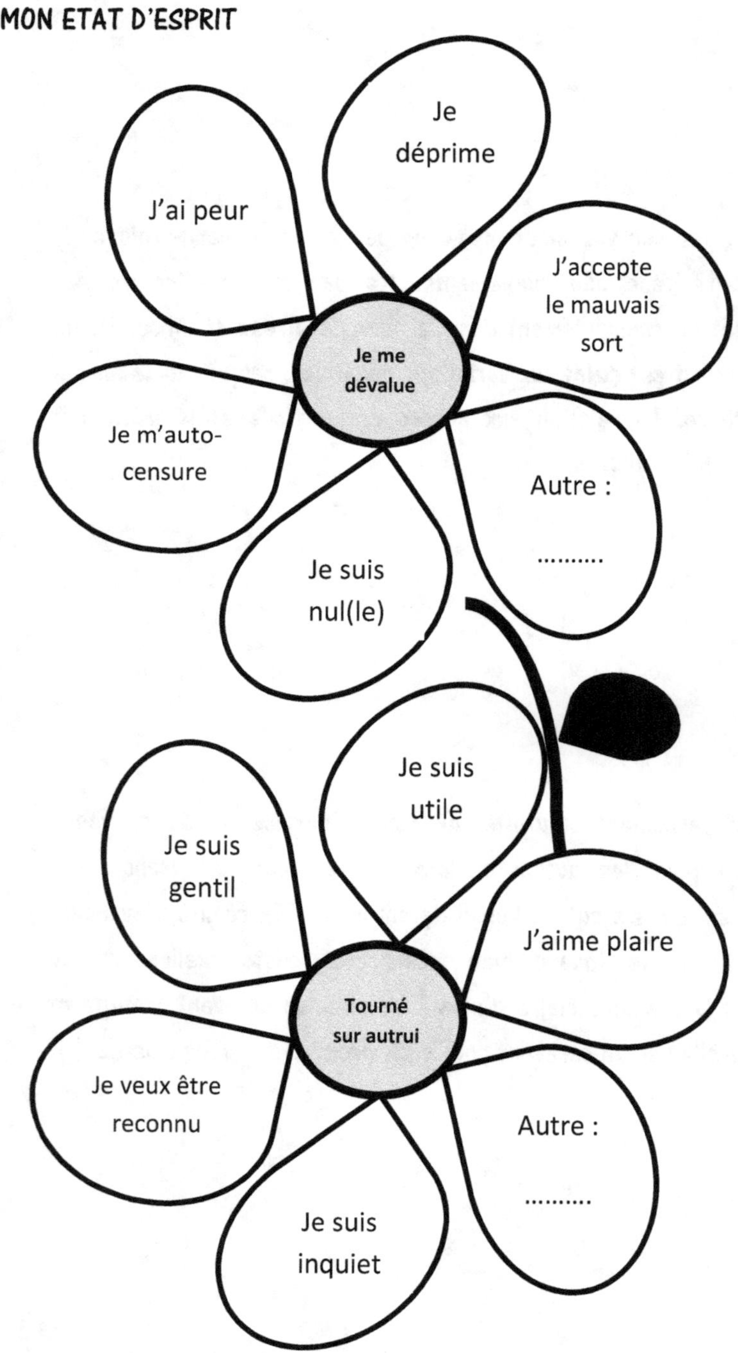

Le Luxe d'être Soi

Vivre dans l'auto-jugement, la dévalorisation, le manque de capacité à s'apprécier, et être dans le négatif sur soi empêche d'avancer d'un pas léger. Cette lourdeur ralentit et amenuise ses capacités à progresser.

Le sentiment de plaire, d'être gentil, de ne pas déranger, de faire plaisir semble pommader une situation anormale de déséquilibre de bénéfices toujours tournés vers les autres. A tel point que la seule solution semble de s'évanouir face à l'autre qui est à vos yeux plus respectueux et qui mérite grandement de plus d'attention de votre part et de vous occuper de lui.

MON CORPS

Je suis
fatigué
J'ai dors
mal
Je
somatise
Manque
autonomie
J'ai mal
partout
Autre :
....
J'ai
sommeil
J'ai mal
Je suis
fatigué
Je me sens
vieillir
Je
m'épuise
Je n'ai pas
d'énergie
Autre :
....
Je suis
fébrile

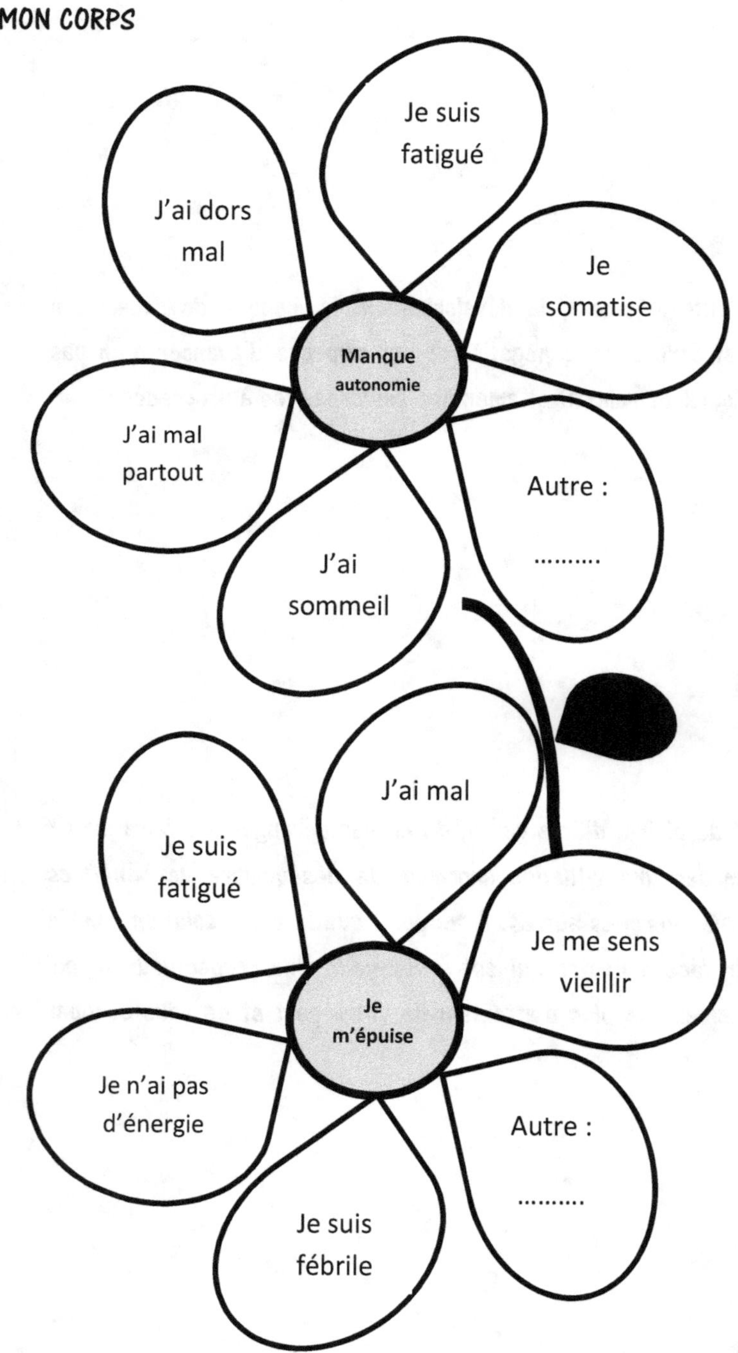

Le Luxe d'être Soi

Qui a déjà entendu « le corps a ses raisons que la raison ignore ». Votre corps est une entité. Lui infliger des tensions autant mentales que physiques, l'oublier et ainsi le malmener le prive de satisfactions. Mais dans un état dépressif latent, et de maux de toutes sortes, quelle bouée de sauvetage lui lancez-vous ? Aura-t-il un moment de calme, de répits et d'apaisement pour vous donner toute sa puissance et la finalité de ses actions ? Il est par conséquent voué à vous « supporter » dans ces conditions difficiles alors qu'il devrait être un véritable atout pour vous, avec ses capacités infinies.

La fatigue est un signe d'alerte important. Il s'agit d'un dysfonctionnement global lorsqu'elle devient chronique qu'il est important de ne pas négliger. S'écouter est la première voie vers la guérison. Sortir de ce chaos est possible, avec un peu de volonté et de persévérance. Chercher la cause de la fatigue peut certes prendre du temps, voire beaucoup de temps, mais cela soulage tellement lorsque le diagnostic est posé, et les solutions apportées. La volonté de s'en sortir dynamise avec un but précis à atteindre, voire un défi à relever.

A vous de jouer ! 

Il est temps de créer le bouquet coloré qui vous ressemble, celui qui se rapproche de vos senteurs préférées en vous aidant des bouquets précédents (si vous vous y retrouver). A l'identique de ceux-ci, autour du pistil représentant un axe principal à définir, notez sur les pétales votre état en terme de verbe d'action.

Le travail est long et précis. Inspirez profondément et pensez à votre manière d'agir et de réagir. Vous êtes au cœur du sujet. Réfléchissez longuement. Crayonnez à l'aide d'un crayon gris dans un premier temps ce qui vous permettra de modifier le cas échéant. Les premières idées arriveront vite. Vous êtes unique. Ce travail est intéressant car il permet une introspection et un travail soutenu sur soi ; un chemin vers son développement personnel. En route !

Lancez-vous !

MON BOUQUET

CONCENTRE FLORAL

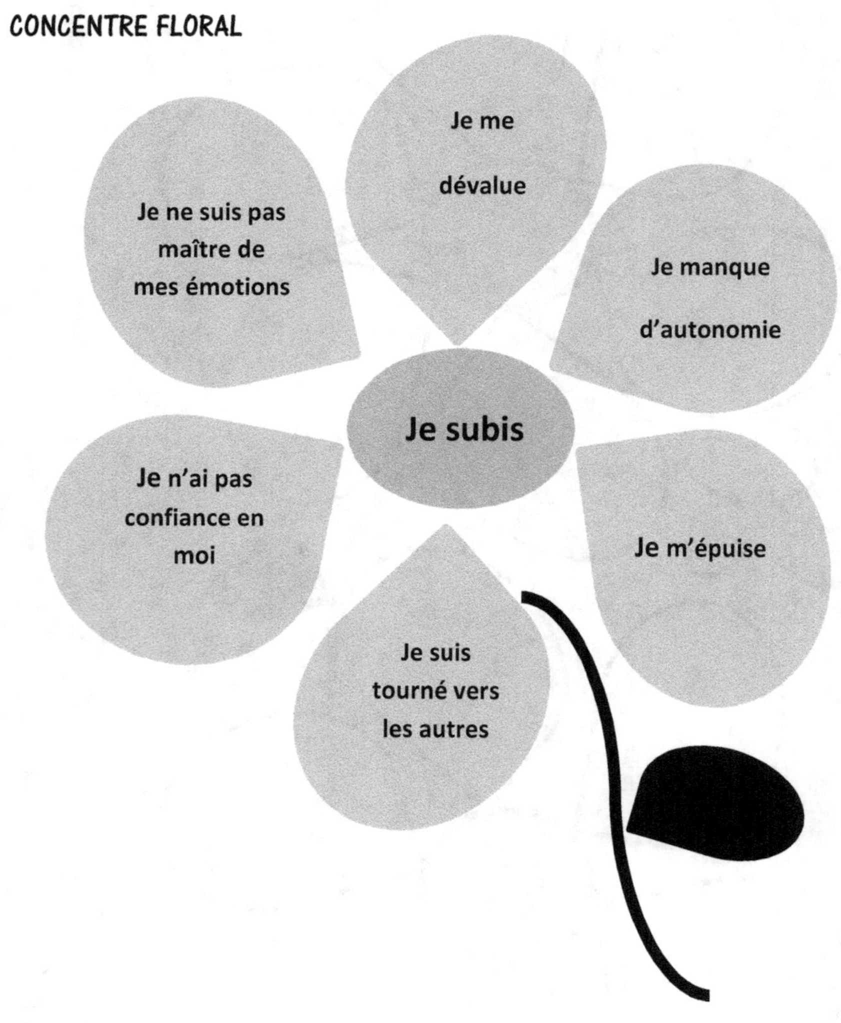

Au final, cette fleur unique aux huiles essentielles dégage un concentrée de la puissance des fragrances précédentes.

Se sentir dirigé par une ou plusieurs personnes, sans avoir de pouvoir sur sa vie, sans autre alternative, conduit à un sentiment d'assistance permanent et d'étouffement vital. Le fait de ne pas être maître de ses choix, de ses décisions et de ses actions englue l'être humain au stade primaire d'esclavagisme au sens large. Pourquoi se laisser enliser par des personnalités néfastes et conduire par des règles instaurées et préétablies sans tenir compte de sa propre valeur, de ses sentiments, émotions et compétences ? Comment se sentir si vide dans son monde intérieur pour autoriser autrui à guider ses propres choix ?

✋ **Comment ma vie est dirigée ? Quelles contraintes, quels obstacles font face à mon évolution ?**

....
....
....
....
....
....
....
....
....
....
....
....
....
....
....
....

La valeur du regard des autres prend de plus en plus d'importante et ne peut se dissocier de notre miroir et de la réalité. Nous prenons une direction de dépendance vis-à-vis d'autrui vers un sentiment de dévalorisation certain. Comment un individu peut-il juger une autre personne sur des critères interpersonnels ? Quelle puissance agit sur notre vie et sur la valeur de ses paroles ? Pour quelles raisons Est-il vraiment impartial ?

✋ **Suis-je sensible au regard de mon entourage, de ma famille, de mes amis, de mes collègues de travail ? Dans l'affirmative, de quelles manières se caractérise ce lien de dépendance ?**

Au niveau familial

....
....
....
....
....
....

Au niveau social

....
....
....
....
....
....

Au niveau professionnel

....
....
....
....
....
....

Le Luxe d'être Soi

✋ **Le manque d'autonomie mange notre quotidien. Quelle activité vais-je faire de manière autonome tous les jours ?**

....

....

....

....

....

....

✋ **Quelle action vais-je mettre en place pour avoir confiance en moi ?**

....

....

....

....

....

....

✋ **Comment ne plus m'apitoyer sur mon sort et avoir une valeur aux yeux des autres ?**

....

....

....

....

....

....

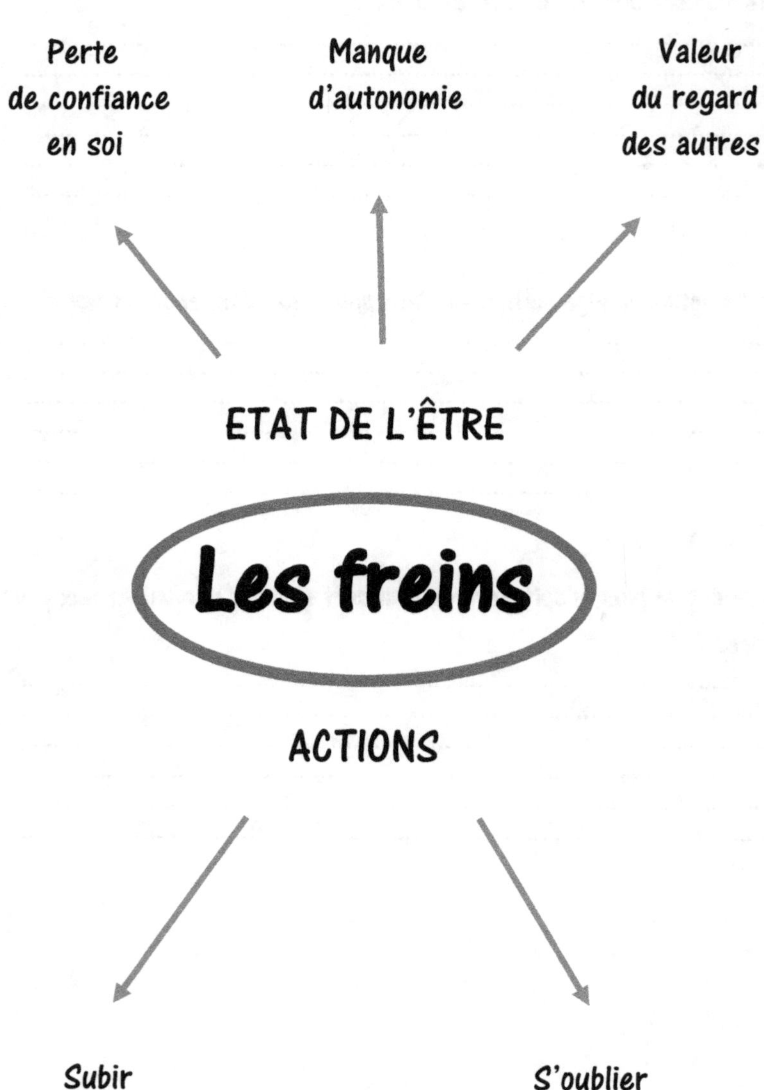

Perte
de confiance
en soi
Manque
d'autonomie
Valeur
du regard
des autres
ETAT DE L'ÊTRE
Les freins
ACTIONS
Subir
S'oublier

Subir et s'oublier apparaissent comme les deux alternatives à la forte pression exercée sur la barrière de l'épanouissement. Ancrées dans notre subconscient, ces attitudes s'inscrivent involontairement, par tradition, mimétisme, habitude, ou par confort dans notre cerveau au fil des années, s'installent durablement et prennent part à notre trajet de vie pour s'identifier à notre propre personnalité.

Les freins s'expriment inexorablement dans notre moi intérieur. Notre être perd alors en confiance en lui, se reléguant au second plan, manquant d'autonomie et de liberté. La valeur du regard des autres exprime notre ressentiment à exister aux travers d'autrui, par le jugement, sanction suprême redoutée et tant attendue.

Or, la prise de conscience de ces leviers est primordiale. Leurs répercussions sur notre manière d'agir récurrente transforment notre être intérieur, l'affaiblit, le rend atone et sans saveur. Qui peut imaginer un instant vouloir assombrir sa vie par sa manière d'appréhender les choses ?

Chapitre 3   Les réactions usuelles

Connaissez-vous l'importance des priorités sur votre quotidien ? Votre choix vous engage inévitablement dans le devenir de toutes vos actions et surtout dans votre part de bonheur. Votre manière de réagir face aux sollicitations extérieures vous façonne vers deux voies bien distinctes qu'il est important de reconnaître.

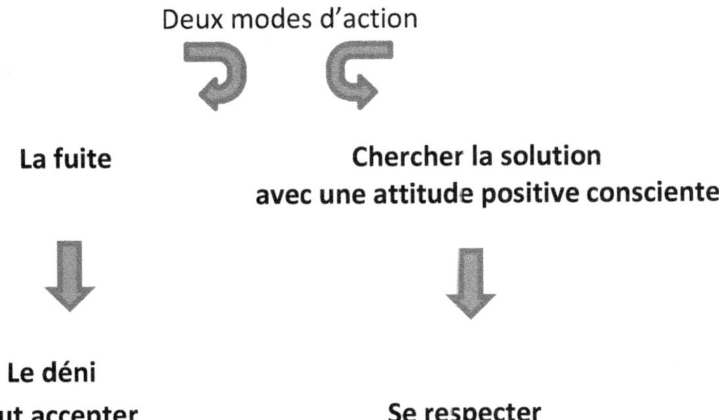

Imaginez alors le coût de l'inaction d'un point de vue émotionnel, physique et financier ? La procrastination, ou le fait d'être perfectionniste par exemple induisent une perte considérable de temps et d'énergie, sans compter que l'attente de décision peut être préjudiciable pour un emploi ou d'un point de vue financier.

Il est reconnu que :

- 20% des actions se répercutent sur 80 % de satisfactions,
- et seulement 20% des relations contribuent au bien-être.

Pourtant s'adonner à une activité passionnante et inspirante qui a vraiment du sens, avec enthousiasme et joie, sans voir le temps passer, en lien avec ses valeurs profondes, et qui fait sa fierté est très enrichissante. Elle ouvre le champ des possibles tant émotionnel, physique que financier.

Chacun de nous a envie de vivre pleinement, de profiter, de s'épanouir, de s'accomplir, d'avancer, de s'assurer, de se plaire, de mener une vie proche de celle de ses rêves, apaisée, joyeuse et harmonieuse, au plus près du bien-être physique et mental. Nos actions sont fondamentales. La première pierre posée vers la paix contribue déjà à une avancée positive dans ce sens. Nous sommes maîtres de notre destin. La volonté fait le reste.

Par un travail glorifiant de prise de conscience de la place de son être intérieur et de sa vraie valeur, avec adaptabilité, force intérieure et optimisme, le parfum du bonheur se diffusera sur votre aura jusqu'à l'infini.

Partie II :

Respirer le parfum du Bonheur

Chapitre 1   Sentir ses émanations florales

Le parfum du Bonheur s'inspire et se diffuse tous les jours. Il est le principal atout à l'épanouissement personnel. Il est à la fois libre et sauvage, frais et vert, stylé et moderne. Il apporte relâchement et apaisement. Il dicte notre chemin sur une route légère et aérée. Le parfum du Bonheur s'hume à plein nez, à pleins poumons même, à visée thérapeutique, vers la plénitude et la sérénité.

Le parfum du Bonheur est en réalité la clé de voûte du bien-être. Il libère ses fragrances d'optimisme où se distille le choix d'être profondément soi aux esprits éveillés à l'accomplissement de son être.

Les buts recherchés dans la création de son parfum du Bonheur sont multiples. Conserver sa liberté, à la recherche de son idéal, est de s'autoriser à être soi tout en donnant un sens à sa vie. Qui a-t-il de plus important que de ressentir et vivre intensément sa vie avec utilité et passion ?

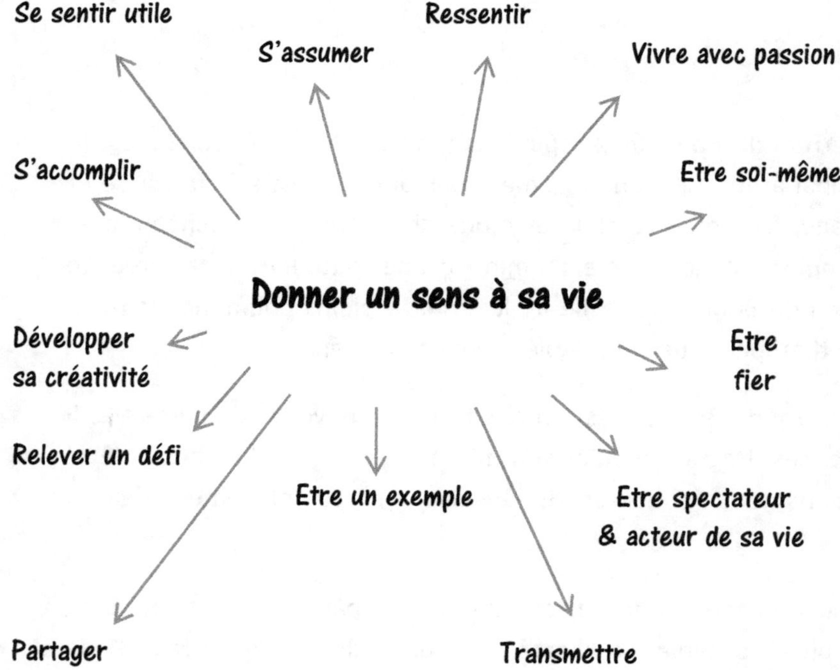

Se sentir utile
S'assumer
Ressentir
Vivre avec passion
S'accomplir
Etre soi-même
Donner un sens à sa vie
Développer sa créativité
Etre fier
Relever un défi
Etre un exemple
Etre spectateur & acteur de sa vie
Partager
Transmettre

C'est en reconnaissant toutes ses qualités, ses atouts, ses compétences et ses savoirs (ils sont nombreux) que l'on mesure l'étendue de ses capacités et de ses pouvoirs, ce qui renforce notre estime de soi et notre capacité à avancer et à affronter l'adversité. Car, celui qui sait et qui n'a rien à se reprocher est au bon endroit et à sa juste place. Il est fort, puissant, inébranlable même car convaincu d'être VRAI. Partez à la découverte de votre Moi.

Chacun possède des dons, des aptitudes et des qualités. Il est important de prendre conscience de ses forces et ses atouts afin de s'en convaincre d'une part et d'être capable de s'améliorer d'autre part.

Reconnaître, accepter et dépasser ses points faibles sont les différentes étapes dans la stratégie à adopter pour déployer son potentiel et mettre ses talents à son service.

A vos crayons !

MON CÔTE NEGATIF

Mes 3 défauts principaux

-
-
-

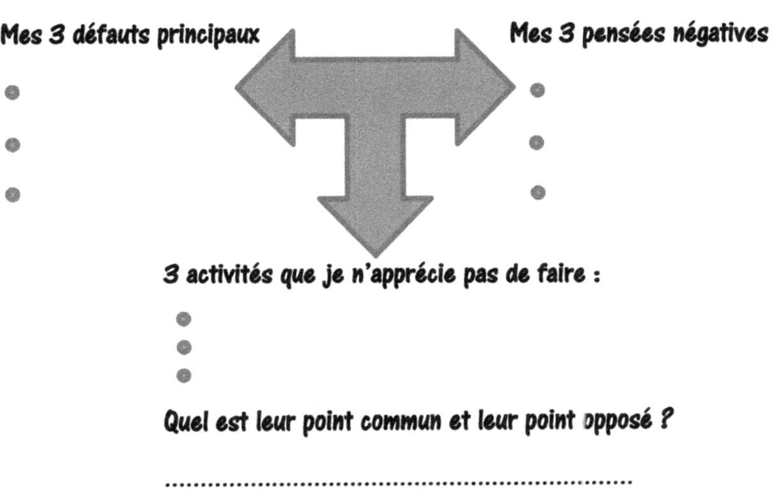

Mes 3 pensées négatives

-
-
-

3 activités que je n'apprécie pas de faire :

-
-
-

Quel est leur point commun et leur point opposé ?

....

MON CÔTE POSITIF

Mes 3 qualités principales

-
-
-

Mes 3 valeurs positives

-
-
-

3 activités que j'apprécie de faire :

-
-
-

Quel est leur point commun et leur point opposé ?

....

Le schéma du Bonheur montre ses interférences pour chaque individu sous forme de cercles entre sa passion et sa profession (ce que je suis), sa mission et sa passion (ce que j'aime), sa vocation et sa profession (ce que je vis), sa mission et sa vocation (ce que je fais) et la corrélation entre tous ces éléments. Il détermine ce qui nous anime vraiment.

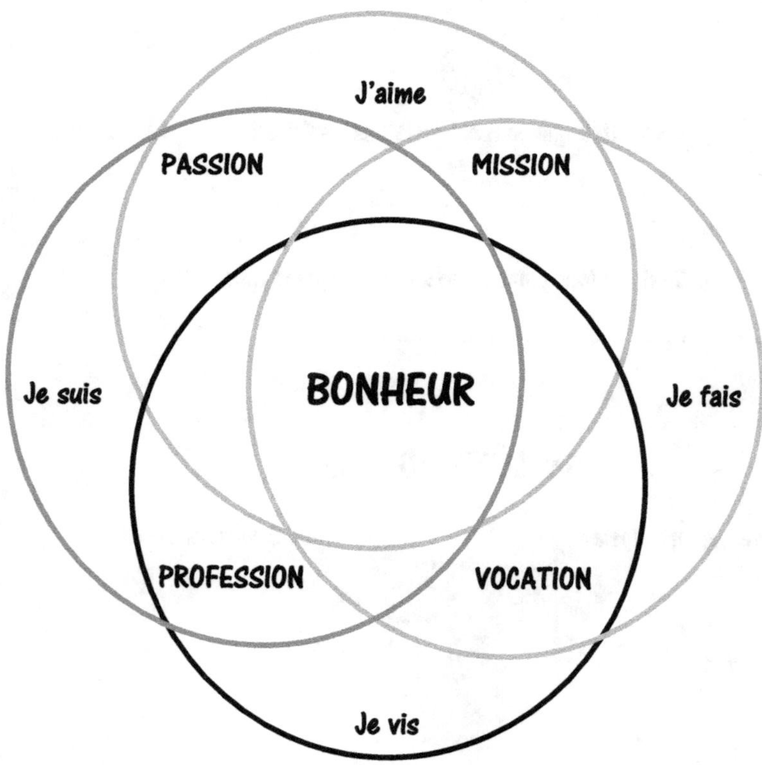

Colorer les arcs de cercle et schémas correspondant aux mots qui vous font vibrer dans la vie.

Sur l'échelle de satisfaction de votre vie, colorer de votre couleur préférée l'intensité de 1 à 10 selon votre ressenti (1=vie nulle/10=vie très épanouissante).

Que me manque-t-il pour atteindre 10 ?

....

....

....

....

....

Quelles contraintes dois-je sacrifier pour m'adonner à mes passions, envies et talents ?

....

....

....

....

....

Que feriez-vous réellement si vous gagniez une très grosse somme au loto qui vous laisse à l'abri toute votre vie des questions d'argent ?

....

....

....

....

....

....

....

....

....

Recentrez-vous sur le schéma du bonheur. Imaginez que chaque pôle est un domaine d'activité dont vous avez la maîtrise.

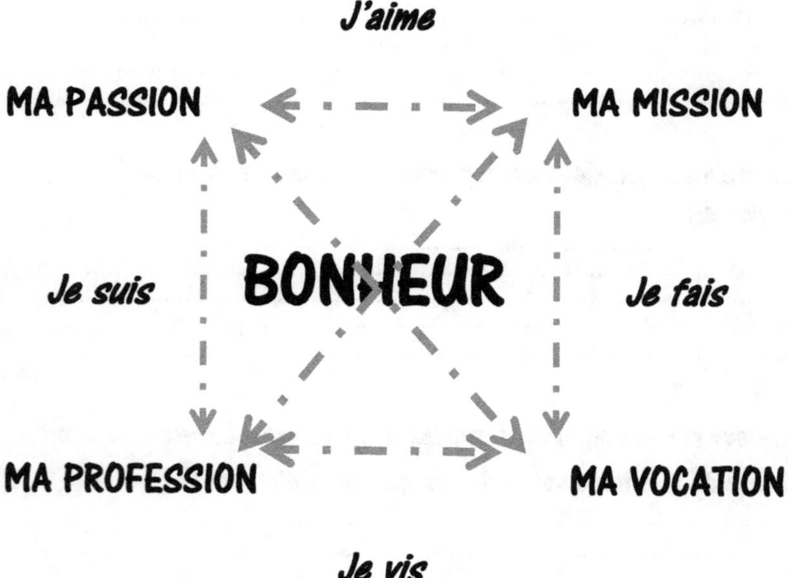

En reprenant le schéma, remplir les items avec apports positifs et aspects négatifs principaux sur les 2 pôles reliés par une flèche en pointillés (passion/mission, passion/profession, mission/vocation et profession/vocation). L'idéal, serait que votre passion corresponde au plus près à votre vocation ainsi que votre profession à votre mission.

J'aime ❤ / Je n'aime pas

....
....
....

+ Leur point commun -

❤ ....

MA PASSION ⟵ · – · ⟶ **MA MISSION**

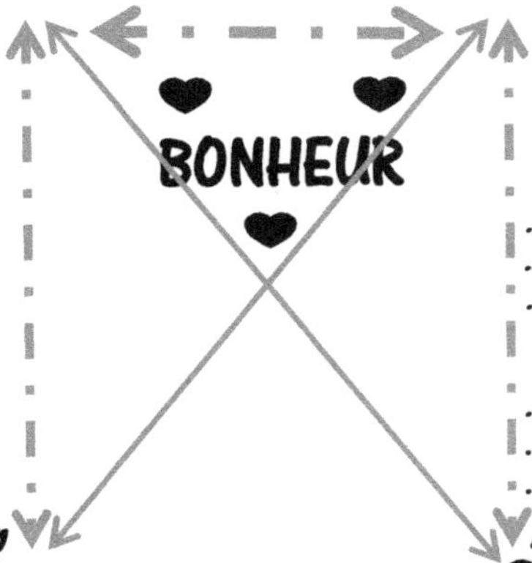

❤ ❤

BONHEUR

❤

J'aime ❤ | J'aime ❤

....
....
....

Je n'aime pas | *Je n'aime pas*

....
....
....

Leur point commun | *Leur point commun*
❤ .... ❤ ....

MA PROFESSION ⟵ · – · ⟶ **MA VOCATION**

J'aime ❤ / *Je n'aime pas*

....
....
....

+ Leur point commun -

❤ ....

Quel est le bilan de mes réussites ? ....
....

L'inaction souffre d'incertitude, de doutes, de peurs et de démotivation. Le prix à payer est coûteux, tant sur le physique qu'émotionnel.

✋ **Décrivez-vous dans une situation d'inaction.**

....
....
....

Trouver l'essence de son être, son chemin de vie, sa mission sur terre, sa passion en quelque sorte, pour donner un sens à sa vie.

✋ **Quelles personnes admirez-vous ? Qui donne du sens dans votre vie ? Pourquoi ? Quelles valeurs transportent-elles selon vous ?**

....
....
....
....
....
....

✋ **Citer trois personnes qui contribuent à votre bonheur**

....
....
....

✋ **Quelles sont vos cinq valeurs essentielles ?**

....
....
....

✋ **Quelle activité vous permettrait de donner le meilleur de vous-même ?**

....
....
....

Le Luxe d'être Soi

✋ **Quel est l'essence de votre être ? Quelle est en réalité votre mission de vie ? Quelle passion vous fait tant vibrer ?**

....
....
....
....
....
....

✋ **Avec une dose d'imagination élevée, de quelle réalisation seriez-vous le plus fier à cent ans ?**

....
....
....

✋ **Citer des moments de bonheur et la dernière fois que vous avez ri ou pleuré de joie.**

....
....
....

✋ **Quelle est votre définition du bonheur ? Quelle est votre recette du bonheur ? Que manque-t-il à votre bonheur ?**

....
....
....

✋ **Quelle est votre devise ?**

....

✋ **Quel défi sur le développement personnel (hors cadre professionnel) vais-je relever cette année ?** (ex : Apprendre à dire non)

....
....
....

✋ **Quelle résolution altruiste vais-je à mettre en action en premier ?**

....
....
....

✋ **Mes objectifs pour l'année sont :**

....
....
....

✋ **Mes rituels mensuels à adopter sont :**

....
....
....

Chapitre 2 Au cœur des fragrances précieuses

Pour colorer ma vie, ma partition se compose de mille et une fragrances délicates dans l'infiniment petit, ou dans l'intime, au plus profond de soi, et encore, dans les effluves générales.

Nous sommes tous et toutes des êtres de lumière. Nous grandissons dans l'action positive et la félicité, dans le respect mutuel et la gratitude, dans l'amour et l'empathie, dans un bien être reconnaissable qu'est le bonheur. Chaque instant est un plaisir de vivre la minute suspendue. Immense est le choix de profiter de la vie : respirer profondément, s'adonner à une activité créative, un sport, prendre un thé, marcher, manger, jouer, rire, etc. La chance est de choisir l'option de se rendre heureux et de se faire plaisir le plus souvent possible. Mille attentions envers soi décuplent notre satisfaction. Le défi est d'être le centre de ses préoccupations. Qu'ai-je envie de faire, de dire, de ressentir… ? La question devient une habitude à chaque action. Le luxe de choisir ce qui nous plaît est une option qui égaye notre quotidien. Le fait de choisir son stylo préféré, la couleur de l'encre, le carnet de notes, la manière de ranger… apporte nombre de satisfactions quotidiennes valorisant notre égo. Le but est de se faire plaisir à chaque acte, à chaque minute même. Faire des choix devient LA priorité toujours dans votre intérêt puisque vous êtes face à vous-mêmes, sans calcul d'une tierce personne. Vous êtes une personne à part entière. Vous avez le droit d'humer les senteurs du bonheur.

Retrouver ses rêves d'enfant

Le petit garçon ou la petite fille au creux de vous-mêmes demeure un être sensible, prêt à se réveiller en vous. Ce petit être sommeille encore. Il a pourtant sa part de vérité, de sensations et d'émotions. Il a des aspirations qui sont en souffrance, des rêves non assouvis, des idées de voyages ou de rencontres qui attendent le moment venu pour ressurgir. Il est le maillon de la chaîne, qui vous a fait grandir. Il a tant espéré, rêvé, souhaité, aimé ! Se reconnecter avec lui permet de se sentir intimement jeune d'esprit. Conserver son âme d'enfant consiste à regarder le monde avec les yeux d'émerveillement d'un enfant.

✋ **Reconnectez-vous avec ces fabuleux moments d'émerveillement. Quel enfant étiez-vous ? Quelles envies avait-il ? Quelles émotions vibraient en lui ? A quoi rêvait-il ?**

....
....
....
....
....
....
....
....
....

Donner un sens à sa vie

Quoi de plus absolu que de suivre son étoile ? Suivez le guide vers un avenir meilleur, une dignité, une sensation inégalable de satisfactions, de bonheur, de fierté et de congratulations ! Petit retour en arrière vers les années lycées où les copains et la vie sociale prennent souvent le pas sur les études et les projets professionnels. Votre priorité est pourtant ailleurs. Qui n'a pas rêvé depuis son plus jeune âge d'avoir telle poupée qui marche ou telle voiture de course radiocommandée ? Ce vif sentiment d'envie qui pousse dans nos entrailles laisse la place à une énergie débordante, une volonté de fer vers notre objectif sans le perdre de vue jusqu'à l'obtenir. Gardez l'envie au creux de votre cœur en pensant à ce jeune enfant qui sommeille toujours en vous. Il est votre identité, votre empreinte, votre seul guide. Ecoutez sa petite voix intérieure qui vous pousse vers des choix qui vous correspondent. Osez être créatif ! Sortez de votre coquille ! Croyez en vous ! Car vous seul possédez toutes les compétences pour être heureux. Quels sont vos goûts, vos compétences, vos capacités, vos passions, vos passe-temps, vos souhaits, vos désirs, vos qualités ? Qu'avez-vous à apprendre des autres ou à enseigner ? La formation professionnelle et continue vous aidera à parfaire votre destinée. Tentez une direction qui vous corresponde : les sciences, la littérature, les langues, le technique... Votre choix n'est pas figé. Vous pourrez vous en éloigner plus ou moins grâce à des formations tout au long de la vie. Votre parcours peut évoluer dans une direction ou une autre, mais vos expériences toutes enrichissantes soient-elles mêlées à quelques échecs forgeront votre personnalité et aiguiseront votre vision d'un avenir meilleur. Dans le creux de la vague, le sentiment de perdition devient souvent notre allié devancé par la force mentale puisée lorsque le défi est relevé. Ouvrir la voie du succès correspond à la confiance en soi, ciment de notre propre socle, quand se dessine l'envie libérée par tous nos pores. Prenez soin de vous ! N'attendez rien des autres, suivez le guide : vous-même !

✋ **Pour trouver ma vocation, je m'interroge sur la nature de ma mission sur terre. Quels sont mes passions, mes talents, les domaines d'activité réalisés avec aisance ?**

....

....

....
....
....
....
....
....
....

Partager des moments de vie avec des amis

Sensible à conserver une vie sociale riche et harmonieuse, le moral est ainsi nourri par de grandes satisfactions (culturelles, sportives, intellectuelles, alimentaires…). Quel plaisir de partager et d'éprouver de l'empathie ! Cette capacité à s'identifier à quelqu'un nous rend plus fort. Nous apprécions le même centre d'intérêt tout en échangeant de manière conviviale cette activité. A défaut du cercle proche d'amis, s'inscrire à un club, une association, un théâtre… devient une démarche indispensable pour apprendre, s'amuser et créer, en gardant un moral d'acier. Se faire plaisir en communion enrichit le relationnel et rend la vie plus joyeuse. Avoir le même centre d'intérêt rapproche les gens. Quel fan n'est-il pas plus conciliant qu'un autre fan pour l'artiste adulé ? Les émotions générées par ce centre d'intérêt permettent l'émulation au plus haut de l'échelle de la satisfaction. Le bien être recueilli est jubilatoire, réconfortant, bienfaisant, réjouissant.

✋ S'organiser tous les jours au moins une activité de partage

....
....
....
....
....

Cultiver sa joie de vivre

Il est important de prendre soin à chaque instant d'installer un sourire intérieur, d'avoir la sensation de sourire à la vie, d'être content d'être là, heureux et confiant. La joie de vivre est un état d'esprit rafraîchissant, rajeunissant, avec bonne humeur et plaisir de vivre. Elle apporte un sentiment de bien-être immense, d'être à chaque instant content, à sa place et à la bonne place. Les événements s'enchaînent agréablement, à la recherche de solutions, de positionnement gagnant-gagnant, où chacun y trouve son compte. Garder toujours à l'esprit les phrases affirmatives et positives et employer des verbes d'action à la première personne du singulier cultivent sa joie intérieure qui s'irradie à l'extérieur de soi, laissant son aura transparaître et l'être devient rayonnant.

✋ **S'organiser tous les jours au moins une activité plaisante, qui fasse du bien au moral.**

....
....
....
....
....

Savourer la vie à deux et voir grandir ses enfants

Le couple est le lien soudé par excellence de deux êtres par des sentiments d'amour et de respect mutuel. Il est le refuge, le duo inébranlable qui fait vibrer une vie toute entière. Choisir des petites attentions pour l'autre, s'aider, se soutenir, se motiver, faire plaisir sont autant d'actions qui solidifient le lien. Profiter de la vie de famille à chaque instant invite à s'approprier une part de l'autre pour partager des moments de vie heureux. S'émerveiller pour le premier pas de son bébé, prendre un bon petit déjeuner ensemble, partager une sortie, jouer, rire… tant d'occasions de s'intéresser à sa famille et de montrer combien elle est importante. De ces joies partagées tous les jours, se puise une énergie vitale dans la confiance et la sérénité. Cette complicité adoucie les mœurs et apaise le quotidien. Elle renforce aussi les relations dans de bonnes conditions de vie. L'harmonie créée donne confiance en soi et en l'avenir car le présent se joue comme une bonne partition. D'une simplicité anodine, cette union est toujours au beau fixe, dans le respect et l'enthousiasme.

✋ **Quelles activités communes en couple ou en famille organiser pour créer une relation harmonieuse de partage ?**

....
....
....
....
....

Etre son meilleur ami

Reconnaître ses atouts redore la fierté et l'estime de Soi. Etre indulgent et confiant. Suivre le chemin de la vie dans les pas d'un être qui vous ressemble tant qu'il est votre meilleur guide, votre meilleur ami est un cadeau de la vie.

✋ **Visualiser votre meilleure réussite professionnelle et personnelle pour révéler vos talents et les mettre au service de vos nouveaux projets.**

....
....
....
....
....
....

✋ **Lister vingt compétences, atouts, talents, ou qualités personnelles (non professionnelles).**

....
....
....
....
....
....

....
....
....
....

Se faire confiance

La réussite est réelle lorsque l'on se donne la peine d'essayer. Se raisonner, affronter ses peurs et se dire mentalement « je peux le faire » conduisent vers le chemin du succès. Contre les avis d'hommes professionnels aguerris et surtout avec l'appui de mon père qui m'a confortée dans mon envie de bricoler, je me suis lancée avec succès dans la pose de crépi intérieur dans la salle à manger. Lorsque l'envie ressentie est forte, après maintes sérieuses réflexions sur la manière de la réaliser, j'atteins mon but avec satisfaction et joie (carreler la terrasse, poser de la tapisserie murale, réaliser ma salle de bain en lambris ou une table en mosaïque, concevoir une cuisine ouverte avec comptoir à carreler, tricoter un pull, coudre une veste, et même faire de la cuisine intuitive, en réalisant une tarte, un plat ou un gâteau sans recette, avec des ingrédients choisis sans passer par la case pesage. La réussite est toujours au bout.

✋ **Suis-je atteint par les attitudes et paroles des autres ? Ont-ils un pouvoir sur moi ? Est-ce une raison de le mériter ? Au nom de quoi devrais-je continuer à me laisser faire ? Quel volet de ma personnalité comble cette emprise ? Quelle attitude j'adopte en cas d'échec ?**

....
....
....
....
....
....

Face à l'adversité, le meilleur refuge est de retrouver vos yeux d'enfant. Souvenez-vous de la théorie « C'est celui qui dit qui l'est. » ? Elle est toujours d'actualité. La personne qui vous accuse, vous juge, vous fait du tort et du mal est mal dans sa peau. C'est en premier lieu elle qui est à plaindre car elle porte en elle toute la misère du monde. Elle cherche à vous atteindre inexorablement car elle vous envie, et se sent loin de vos qualités et de vos compétentes. Vous avez des atouts qu'elle admire. Elle est jalouse de ce que vous êtes physiquement, intellectuellement, socialement... Sinon, quel serait son but ? Elle cherche un souffre-douleur ? Pourquoi spécialement vous ? Tant de personnes pourraient être à votre place ! Pourtant votre état d'esprit est sain. Vous n'avez pas de reproche à vous faire sur votre manière de faire ou d'agir ? Restez droit dans vos bottes. La parole et les faits reprochés ne vous atteignent nullement car vous n'êtes pas concerné. Renvoyez au travers de votre regard l'image de sa bêtise à votre interlocuteur. La colère n'est pas bonne conseillère. D'ailleurs, le colérique n'a pas d'argument valable et sa seule porte de sortie est un esclandre pour sortir de cette impasse. Bouchez virtuellement vos oreilles et sortez de la pièce. Le stress ambiant ne vous atteint pas car vous êtes solide, fort et inébranlable comme le tronc d'un arbre. Vous n'avez pas envie de vous laisser guider par une personne faible qui vous empoisonne la vie. Vous avez la possibilité de dire non. Choisir est l'alternative à subir.

✋ **Analysez consciencieusement la situation avec recul et réflexion. Vous trouverez certainement des réponses à ces conflits.**

LE POUR	LE CONTRE
....	....
....	....
....	....
....	....
....	....
....	....

Une autre technique complémentaire est la psycho-généalogie, une aide précieuse à la compréhension de votre schéma familial. Votre arbre généalogique recèle d'une richesse d'aspérités. Dans mon dernier livre « L'encre de mes pas » sorti en décembre 2018, guide pratique sur la généalogie, la prise de connaissance de son histoire familiale montre une redondance d'événements communs de génération en génération. Les êtres s'enchaînent sur des faits qui se renouvellent. Rompre cette chaîne libère votre génération et aborde ainsi une vision large de vos possibilités, tout en sortant du carcan familial. De ruptures, séparations, addictions, maladies… communes au passé récent et lointain, ce schéma n'a plus de prise sur le présent. Des exercices simples par la construction de son arbre généalogique jusqu'à la 7ème génération à l'aide de 127 fiches individuelles personnalisées pré-remplies et l'étude de son génogramme sur le décryptage des liens sociaux et familiaux accompagnent le lecteur jusqu'à la prise de conscience finale et le détachement familial. Vous êtes une personne unique avec un chemin de vie unique.

✋ **Quels événements familiaux, professionnels, personnels se reproduisent dans ma famille (métier, deuil, addiction, maladie, ruptures, sentiments…)**

....
....
....
....
....
....

L'idéal est de sortir de l'enlisement. Quelle démarche vais-je adopter pour en sortir ? Je cherche LA solution. Je découpe l'objectif en étapes.

....
....

....
....
....
....

Enfin, rien de plus pire que de subir des injustices ou de se faire rabaissé sans raison ou par jalousie. Selon les circonstances, réagir en se défendant avec argumentaires juridiques vous donne de la force et une emprise sur votre adversaire. La vie n'est pas un long fleuve tranquille. Vous êtes armé pour agir. Des structures peuvent vous aider (associations de protection des femmes ou juridiques, l'action sociale, les syndicats, les avocats…) ainsi que des témoins ou votre famille. Sortir de l'ombre jetée sur vous et enlever le voile de l'obscurantisme vous rendent justice car le plus puissant n'est pas toujours celui qui s'impose.

Se réaliser

Rien n'est plus frustrant que d'avoir l'idée, imaginé, conçu dans sa tête un objet ou une action et de ne rien faire, de peur de rater ou du regard de l'autre. Ces peurs qui tenaillent dans nos entrailles et emprisonnent toute vitalité. Oser essayer est ne pas prendre trop de risques puisque l'enjeu est objectif et réalisable. Il s'agit même d'un brouillon tout comme un jeune enfant essaie tant de premières fois ! Vivre ses envies est libérateur d'émotions. Car se réaliser crée un sentiment de puissance, de fierté, de bonheur, de récompense, d'être le meilleur. Je me suis lancée dans l'écriture. D'abord freinée par mes nombreuses peurs, d'une petite rivière, les années passant sur le cadran de la vie, le torrent a dévalé vers la cascade de mes envies, débordant de mes pores, jusqu'à n'être qu'une évidence pour moi : « *J'ai très envie d'écrire un livre ! Je vais essayer ! Je sais écrire ! Je verrai bien ! Je peux le faire !* » Trois ans après cette décision, je vous présente mon huitième livre : Le luxe d'être Soi !

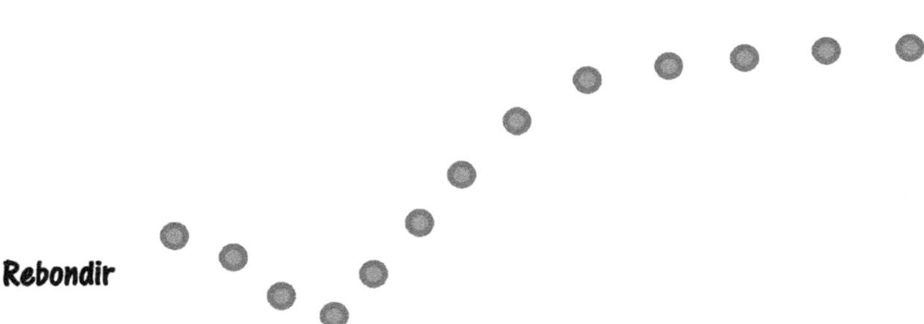

♥Je rebondis comme un défi que je me lance. Je sais que je suis une personne de confiance. Je suis persuadée que toutes mes pensées, mes actes et mes paroles sont justes sans fausse modestie ni prétention. Ma valeur est primordiale face à l'adversité. Autrement dit, tout ce que je dis ou pense compte plus à mes yeux que les paroles négatives des autres à mon encontre. Je ne donne aucune prise à leurs réflexions. Je ne regarde pas leur influence sur l'entourage. Je me sens forte et invulnérable. Je ne me laisse pas me rabaisser. Je ne suis pas soumise. Je ne veux pas subir et je ne subis pas. Chacun peut avoir une opinion, aussi différente soit-elle. Je sais ce que je vaux. Je fais en sorte de n'avoir rien à me reprocher. Je laisse s'éteindre la parole blessante sans prêter attention et la rattache mentalement à la personne qui n'est pas digne de confiance. Je fais le constat de ce qu'elle est capable de dire ou de faire. Je me désolidarise d'elle. Je ne suis pas affectée. Je me lance le défi de réussir. Le vainqueur est mon sentiment de fierté car je suis toujours souveraine de ladite épreuve. Je sais que les personnes intelligentes sont septiques aux jugements.

♥Face à une situation complexe, telle qu'une séparation, une perte d'emploi, ou une dispute, qui mène inexorablement vers des difficultés (autant matérielles que financières ou sentimentales), une autre alternative est de choisir une nouvelle activité à mener à son terme. Par exemple, victime d'un licenciement économique, j'ai décidé de ne pas perdre mon temps de liberté retrouvée (vacances prolongées !) et de transformer ma salle de bain en lambris. Pari réussi ! Après une rupture sentimentale, sans remords ni regrets, en constatant l'état d'échec de cette relation, je réfléchis aux énormes gains et avantages dont je bénéficie dorénavant (retrouver ma liberté, libre de corps et d'esprit, joie de vivre, me lancer de nouveaux projets professionnels et personnels, sortir, revoir tous mes amis, rénover ma maison, m'adonner à une passion, m'inscrire à un club de danse, avoir des projets, etc.). Je m'assume avec fierté. J'organise en fait ma vie vers d'autres horizons concluant ainsi par une réelle opportunité de façonner ma vie à mon goût.

♥ Je reste positive dans toute épreuve car les difficultés ouvrent l'esprit et permettent de réfléchir à d'autres alternatives. Je sais qu'il existe toujours des solutions. Se remettre en cause, appréhender les avantages et les inconvénients et chercher la porte de sortie constitue mon cheminement vers la direction souhaitée de ma vie. J'imagine que la roue tourne. Tout ne peut être toujours rose. Je patiente en scrutant mon coin de ciel bleu et un début de solution car je suis l'acteur de ma vie.

♥ L'essentiel est d'être gagnant-gagnant dans un conflit. Nul ne tire la couverture à soi pour sortir glorieux mais plutôt de s'accommoder avec les contraintes en arrivant à un compromis raisonnable gagnant-gagnant.

♥ Face à la maladie, le sentiment d'abandon, d'inutilité même et d'inconfort, d'impuissance et de forts questionnements sur la raison fondamentale d'être l'élu, diminuent le moral et inévitablement la force mentale pour surmonter la douleur et le handicap.

En cherchant à aller plus loin, souvent les parties du corps touchées et leurs symptômes sont liés aux troubles somatiques lorsque le mental nous lâche. Il ressort que le fait de prendre soin de soi atténue les maux. Nul n'est responsable ni n'a le devoir de vous supporter ou de vous suppléer. Changer votre état d'esprit et positiver pour évacuer le trop plein de contraintes en cas de problème, pour être plus armé pour agir et prendre le taureau par les cornes. Vous serez plus fort. Le cas de la maladie est un énorme problème d'autant que la suite donnée dans les mois et les années à venir est incertaine. Le fait de prendre soin de soi vous pousse vers un habituel questionnement de prise en compte holistique c'est-à-dire de la totalité de votre corps et d'observer au-delà de la douleur de l'organe touché sur le corps dans son ensemble. Regardez du côté de votre alimentation, de votre mode de vie, des médecines douces, du sport, de la chaleur ou du froid pour vous soulager, de la naturopathie... Les nombreux corps de métier existent et servent à se soigner avec finesse. Garder toujours l'espoir. Trouvez votre équilibre par la mesure délicate et précise de votre mieux-être. Soyez attentif à chaque instant. Votre énergie nouvelle en vous et votre bien-être deviendra votre objectif principal. Car votre rôle est de sortir des pantoufles du patient de prendre en mains votre santé. La parole délie aussi les troubles physiques. Les mots guérissent les maux. Trouver le bon équilibre pour faire des soins qui apaisent le corps et requinquent le moral et surtout ne pas se laisser abattre, telles sont les idées principales à garder en mémoire. Quoi qu'il en soit, la roue tourne. L'épisode défavorable est passager. Tout n'est pas tout noir ni tout blanc. Le soleil se lève toujours pour éclairer de belles journées ensoleillées. Soyons positif, patient et content de vivre tout simplement, d'apprendre et de voir toutes les beautés de la vie.

Le Luxe d'être Soi

Prendre soin de Soi

S'occuper de soi est un réel soin de beauté intérieur qui gratifie, irradie, et se diffuse dans les couches les plus profondes de l'épiderme. Le corps est porté comme une offrande à la vie, s'appuie sur le bien-être corporel et mental, et devient une priorité. Le centre d'intérêt devient sa propre personne. Chérir son corps, son esprit, ou se faire plaisir sont autant de récompenses qui intensifient notre rapport avec nous-mêmes. Chaque satisfaction, minime soit-elle est un cadeau que nous nous offrons. Une sortie, une visite, un échange verbal poli, un restaurant, un hammam, un rendez-vous chez le coiffeur, un ciné, mais aussi cuisiner son gâteau préféré, se préparer un soin pour le corps (se faire les ongles, un brushing, un massage des pieds, un soin pour le visage, s'hydrater, prendre un thé…), ou vaquer à une activité de loisir préférée (sportive, créative : peinture, couture, écriture, etc.)… Je réfléchis ainsi toujours pour trouver des petits bonheurs dans la journée. Je réponds à la question : Comment me faire plaisir ? Quelle est mon envie du moment ? Chaque action nécessite plusieurs alternatives. Je m'offre le choix de préférence toujours en accord avec moi-même plutôt que d'être contrainte de faire. Par exemple, boire un thé, prendre un pause, manger un carré de chocolat, marcher quelques minutes, lire un livre, sortir, me maquiller les yeux en bleu, porter ma robe beige… Tout est question de choix. Le fait de préférer entre deux ou plusieurs autres alternatives aboutit à me satisfaire car je suis contente de faire ce dont j'ai envie. Je me fais plaisir à longueur de temps. Prévoir un planning hebdomadaire si vous avez besoin d'organiser votre temps ou répondre à l'instant présent en ressentant vos besoins journaliers.

✋ **S'organiser tous les jours au moins une activité différente pour se faire plaisir (même cinq minutes dans une journée de 24 heures).**

....

....

....
....
....
....

Tentez de répondre à ces quelques questions : Quels sont mes passions, mes envies, mes goûts ? Quel est mon rêve ? Qu'est-ce qui me ferait plaisir ? A quel petit bonheur du jour accorderai-je un rituel ? Comment est mon humeur ?

....
....
....
....
....
....
....
....

Renseignez les bienfaits d'une action positive dans la journée (un échange de regards, de paroles, de politesse, ou un simple sourire, votre plat préféré, une bonne nouvelle, l'accueil de votre animal, une bonne nuit de sommeil, votre bijou préféré, le choix de votre tenue...) sur un cahier ou sur votre portable et répertoriez-les.

....
....
....
....
....
....
....
....
....
....
....

La gratitude

Sans idéaliser, le monde est beau. Il est important d'ouvrir les yeux à toute chose car toute chose se mérite. Savoir remercier tous les jours ce qui nous arrive renvoie à une émotion de satisfaction et de bien-être. Se sentir bien est une sensation très agréable.

La spiritualité

S'adonner à la spiritualité est un acte vers la libération de son âme. C'est un acte de sagesse et d'apaisement. Ces moments débutent par une prise de conscience de son état intérieur, une concentration extrême vers une voie aérienne suprême, des minutes de relâchement physique, des connexions invisibles, un recentrage sur soi calme le corps et l'esprit dans la sérénité.

La solidarité

La pureté des sentiments, l'amitié, l'empathie, la fraternité et la solidarité sont de réels atouts. Etre serviable ou généreux tout en faisant plaisir à quelqu'un ou rendant service fait partie du bien-être. L'acte est totalement gratuit. La satisfaction est grande de recueillir un sourire et un merci.

Dernier conseil important : pensez à avoir un chat, un bon gros minet ou une petite minette, qui apportera un peu de douceur, de couleur, de joie, d'apaisement et de bien être dans la maison. Les petits félins comprennent et soutiennent leur maître. Ils sont fidèles, autonomes et si doux. Posséder un chat revient à adopter un compagnon à quatre pattes rempli de tendresse et de joie. Il est d'humeur égale. Il s'intéresse à la vie familiale et ses nombreuses activités (jeux, détente, sorties… discussions même (je vous assure !) et partage même un coin de votre lit (si vous l'autorisez). Il demandera souvent des caresses. Cette boule de poil apporte un effet déstressant et apaisant. Vivre à son rythme est source de grandes satisfactions. Il aura sa place sur vos genoux ou sur vos papiers. Toujours à l'endroit stratégique et tout près de vous, il se montre très présent. A ses côtés, la vie est vraiment plus belle. Optez pour la ronron thérapie ! Quel bonheur !

Le Luxe d'être Soi

Chapitre 3   Ma partition olfactive

Il est temps de penser à vous dans votre préférence olfactive. Concentrez-vous uniquement sur vous et vos envies.

 **Quelles sont les 3 valeurs que je mets en avant dès à présent ?**

....
....
....

Quelles sont les 3 activités que je vais faire tous les jours pour penser à Moi ?

....
....
....

Quelle est ma philosophie de vie, mon art de vivre ?

....
....
....

Partie III :

Inspirer le luxe d'être Soi

Chapitre 1   Les arômes essentiels

Le luxe d'être Soi est bien de mener sa vie avec ardeur et volonté en mêlant douceur et diplomatie tout en prenant soin de son être.

Etre son propre guide de bien-être, devenir sa priorité, sans écarter les autres, et en se respectant, penser à soi sans égoïsme ni culpabilité avec bienveillance et compassion, et positiver à chaque seconde, telles sont les missions attendues.

Les nombreuses raisons fondamentales d'être soi schématisées ci-dessous apportent ainsi un but, un sens à notre v e pour se réaliser.

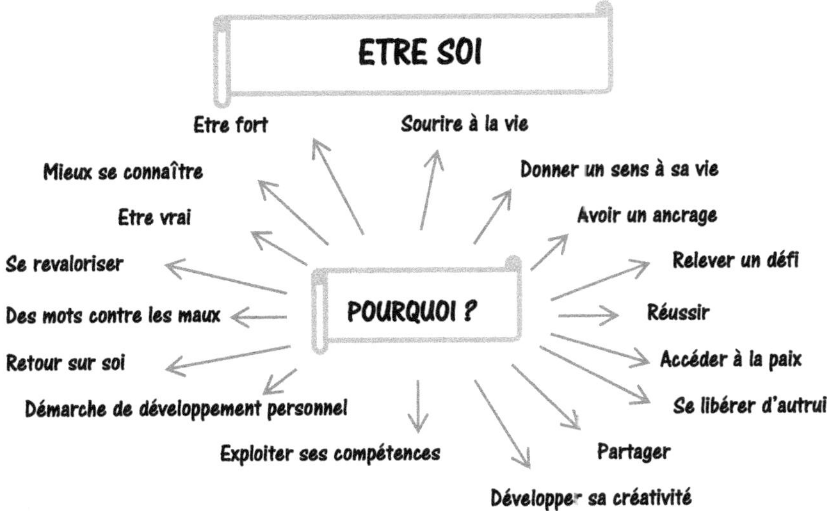

Etre bien avec soi est le seul état qui permette d'être bien avec les autres et le monde. Tout le monde a la capacité de changer, la volonté est la clé du succès. Ce choix implique d'adopter une attitude positive, en gardant sa capacité d'émerveillement, cet état d'enchantement, de joie et de satisfaction qui égaye sa vie avec rires et bonne humeur.

Faire le point sur sa vie personnelle et professionnelle au présent consiste à identifier ses conditionnements passés par une remise en question en vue de s'en libérer, d'éliminer ses fragilités, et d'arrêter de lutter et de souffrir. Après avoir appris à différencier ce qui est important pour les autres et ce qui compte vraiment pour moi, je me sens alignée avec mon chemin de vie. Je sais dire non. Mes priorités ont changé. Je suis MA priorité.

A vous de jouer !

DANS MA VIE PERSONNELLE

DANS MA VIE PROFESSIONNELLE

L'important est de croire au Bonheur. Nos facultés sont immenses pour arriver à transformer nos pensées : *j'ai envie de....* (petits pétales) en actions : *je fais ...*   (moyens pétales) puis en résultats : *je serai ...* (grands pétales). A vous !

MON TOUT PREMIER PLAN D'ACTION A CREER D'URGENCE

Il est temps d'écrire « le scénario de sa vie » pour en faire une belle histoire et la vivre pleinement.

La composition du parfum est réalisée avec des senteurs si intenses qu'elle rend la vie plus épanouissante.

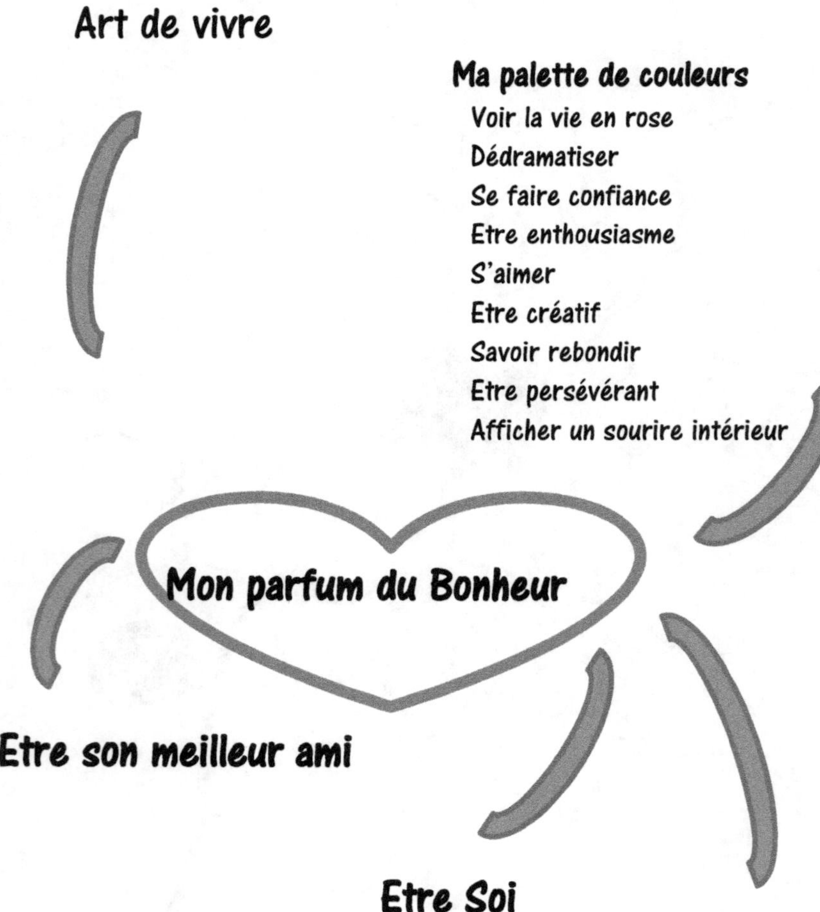

J'ai créé mon parfum MON ESSENC'ELLE.

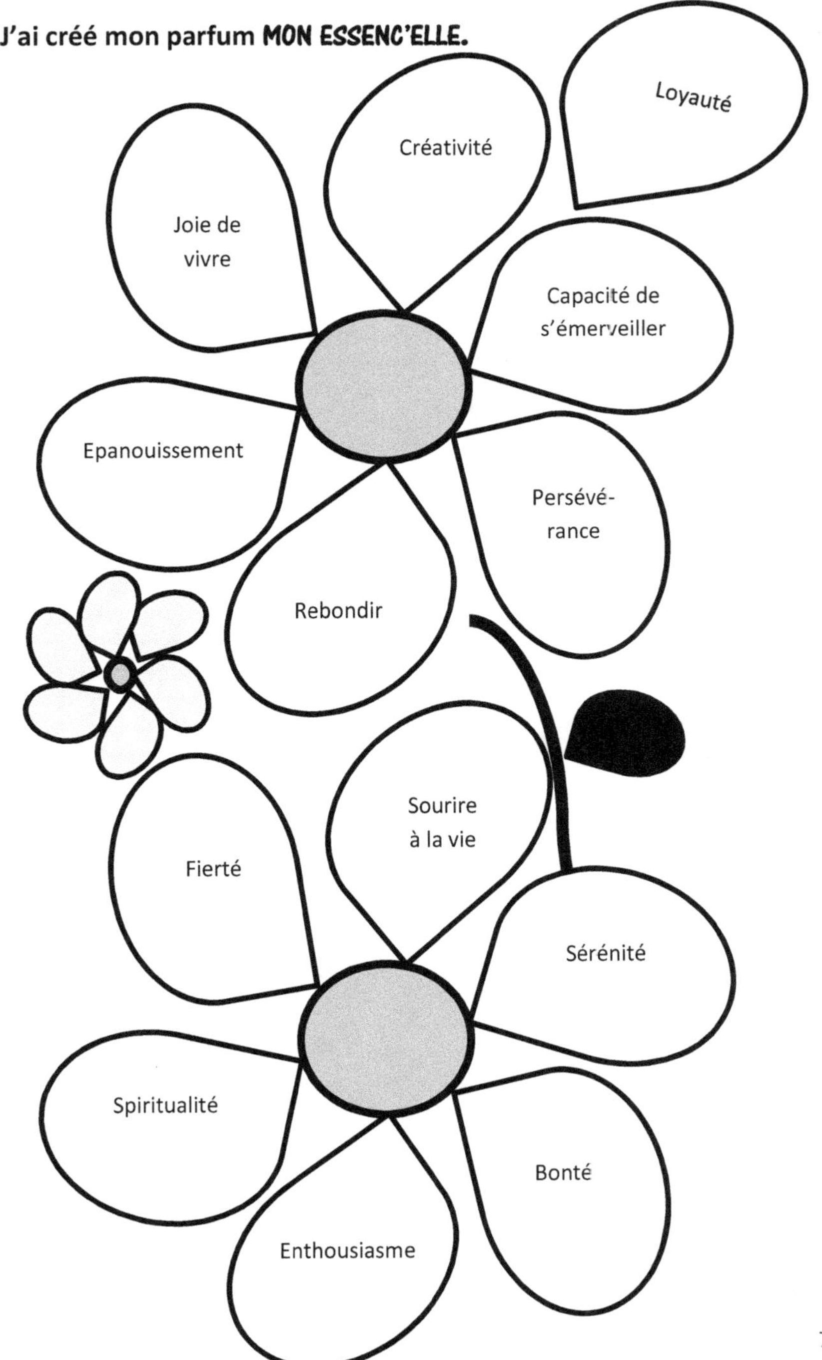

Le Luxe d'être Soi

Chapitre 2   Créatrice de parfum d'exception

Ma partition pour la composition secrète de mon parfum est à la fois simple et abordable. Elle a une grande valeur à mes yeux car elle constitue ma recette du bonheur. Des notes de tête, aux notes de cœur et de fond, je m'imprègne de mon parfum à chaque seconde. Il me correspond. Je vis au travers de lui car je prends soin de moi à chaque instant.

Je vous livre ma partition en page suivante. Elle est digne des plus grands parfumeurs car mon parfum m'assure confiance dans mon sillage. Quelques indices ici dévoilés constituent une partie de ma philosophie de vie, tels que rester en éveil, près de la nature, en vivant l'instant présent, avec enthousiasme et optimisme.

Prenez le temps d'observer toutes les notes de ma partition. Imprégnez-vous de ses effets, laissez-vous vibrer par la portée des mots, et recueillir ses effluves bienfaisantes.

COMPOSITION SECRETE DE MON PARFUM

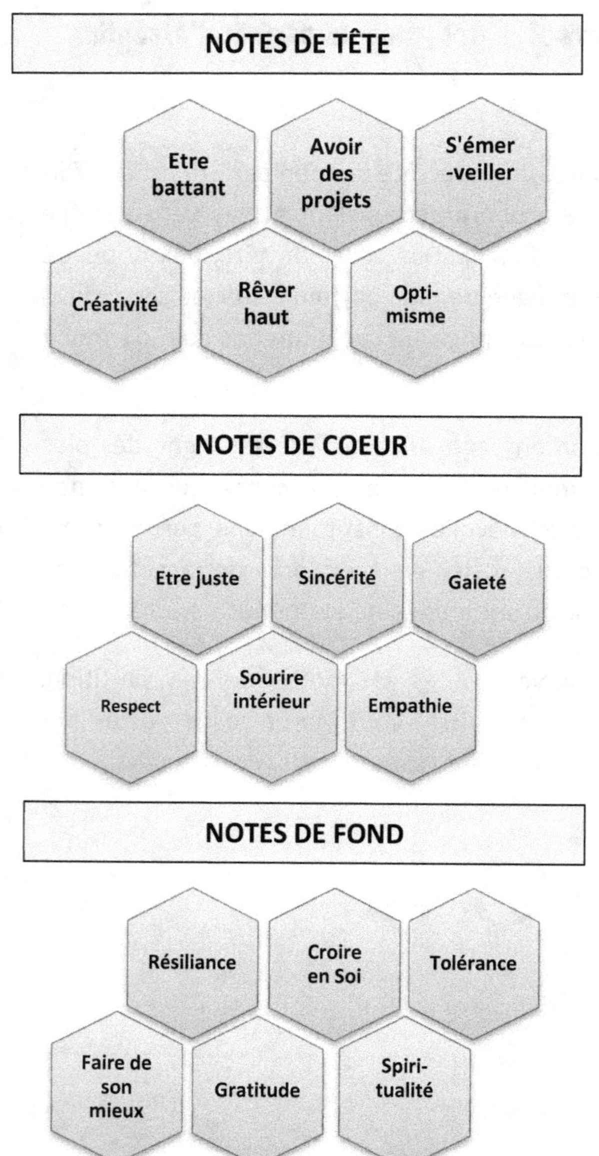

Puis, à votre tour, vous aller créer votre propre partition patiemment et méthodiquement selon le schéma pré-imprimé suivant. Cette activité est sans doute la plus longue à renseigner car elle constitue votre mission fondamentale, votre essence même. Aidé des exercices et de vos réponses tout au long de ce livre, votre parfum va se dessiner sous vos doigts.

Vous êtes tel quel. Sans jugement, prenez en compte les notes entêtantes à améliorer. Félicitez-vous des notes subtiles qui vous caractérisent. Reconnaissez vos nombreuses qualités. Vous avez fait déjà un grand pas vers l'accomplissement de soi. Vous avez certainement compris qu'avec un moral d'acier, on peut repousser les limites imposées du corps humain et défier tout obstacle ou embûche de la vie. N'abandonnez pas votre choix. Ayez confiance en vous et en la vie !

MA COMPOSITION PRIVEE DE MON PARFUM

NOTES DE TÊTE

NOTES DE COEUR

NOTES DE FOND

Chapitre 3   Le luxe d'être Soi

Le parfum est essentiel. Il laisse une trace indélébile, une empreinte. Il est la mémoire. C'est un trésor car sa richesse est inégalable.

Au travers de ses arômes, il se diffusera en vous et autour de vous. Il se propagera bien au-delà de l'ententement, car il constituera votre aura, votre force, votre façon d'être. Sa floralité guidera votre interlocuteur dans un ressenti profond vers vos plus intimes convictions essentielles que vous porterez fièrement.

Antoine de St Exupéry dévoilait sa définition sur la composition de son parfum de la manière suivante : « L'essentiel n'est point des choses, mais du sens des choses. »

Vouloir passer les âges et les ans au travers de toutes les modes, avec son propre parfum, comme une deuxième peau, est une manière de s'accomplir en toute sérénité, avec confiance en l'avenir.

Le luxe d'être soi est une combinaison entre des actions primordiales et prioritaires à notre bien-être : **s'aimer, s'écouter, s'occuper de soi et se respecter.**

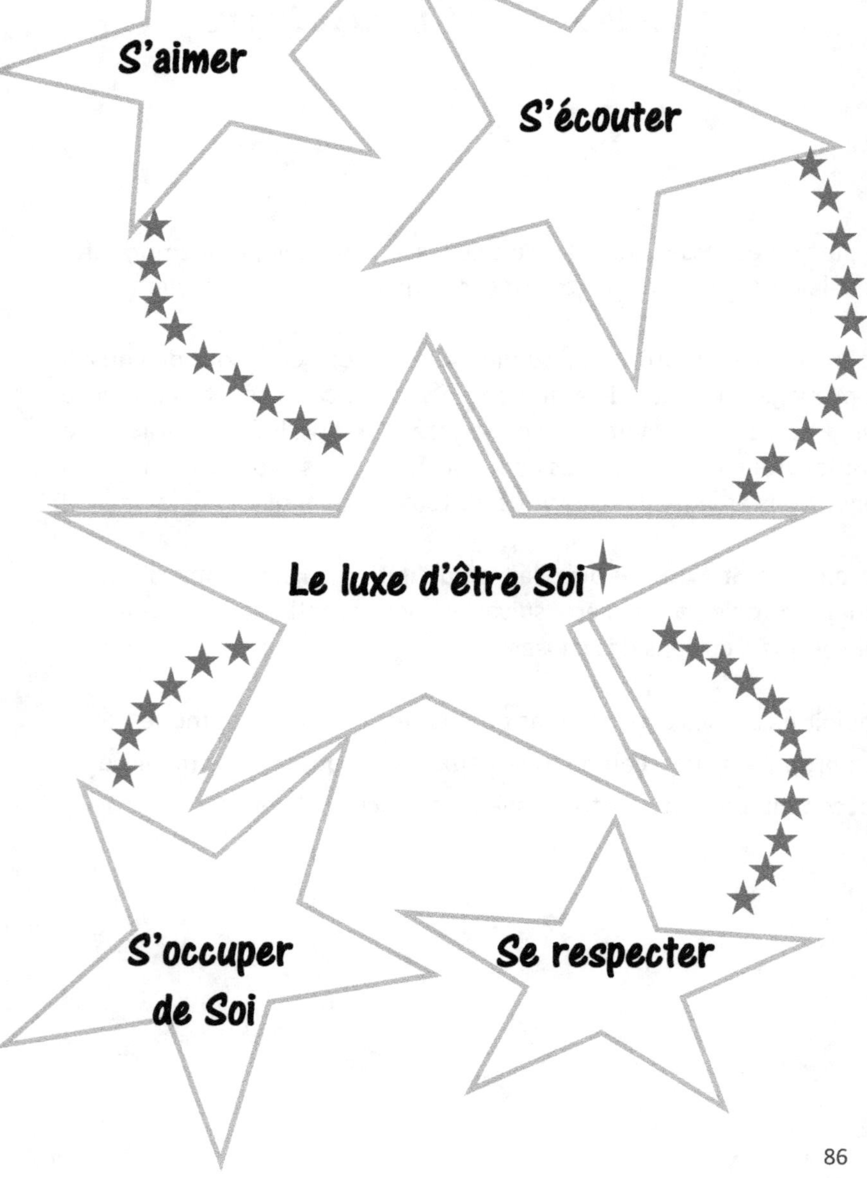

Le Luxe d'être Soi

Devant l'adversité, les difficultés, la maladie, la mort ou la souffrance en tous genres, vous avez les clés pour réagir : sortir la tête de l'eau, ne rien attendre des autres, abandonner les pantoufles du malade ou de la victime, avoir une vision optimiste, rebondir avec enthousiasme vers le défi de votre vie : PRENDRE SOIN DE VOUS. Sortir de sa carapace, de son immobilisme, de sa névrose, de ses plaintes… libère l'humain de tous ses maux.

Se satisfaire à chaque instant d'un coin de ciel bleu, de la chaleur des rayons du soleil, de bon pain, du miaulement de son chat qui vous dit bonjour, de l'encre bleu avec laquelle j'écris mes plus beaux textes, aboutit à chercher l'extraordinaire dans toute chose, apprendre à écouter et à regarder, à observer, à changer les couleurs de l'arc-en-ciel, à prendre des décisions, à se donner enfin les moyens de réussir, d'être content, rempli de joie et heureux à chaque seconde. Tout le monde le mérite car chacun de nous est quelqu'un de bien quand il s'en donne les moyens. Croyez en vous !

Ce sentiment d'émerveillement imprégné dans mes entrailles est indétrônable. Je suis et je resterai positive. Je pense à moi car je me fais plaisir dans toutes mes actions. La vie est plus belle !

Je remercie l'infini de tous ces moments de satisfaction, de plénitude et de fierté. Je suis toujours en accord avec moi-même. Cette chaleur humaine qui me fait tant de bien. Car nous le savons tous désormais, **le seul vrai luxe est d'être Soi**.

Le Luxe d'être Soi

Conclusion

Le Luxe d'être Soi

Le Luxe d'être Soi

Platon affirmait très justement « L'essentiel n'est pas de vivre mais de bien vivre ».

Vous êtes votre Roi ou votre Reine, la personne la plus importante à vos yeux. Prenez soin de vous. Vous êtes votre priorité. Croyez en vous car votre parfum et vous ne font désormais plus qu'un, irradiant des effluves de sagesse et bonheur.

LE « LUXE D'ÊTRE SOI » EST DE DEVENIR SON MEILLEUR AMI.

LAURENCE ESTIENNE

Le Luxe d'être Soi

SOMMAIRE

Les éditions Plum'issime

NOUVEAUTE 2018 — Livre sur la généalogie

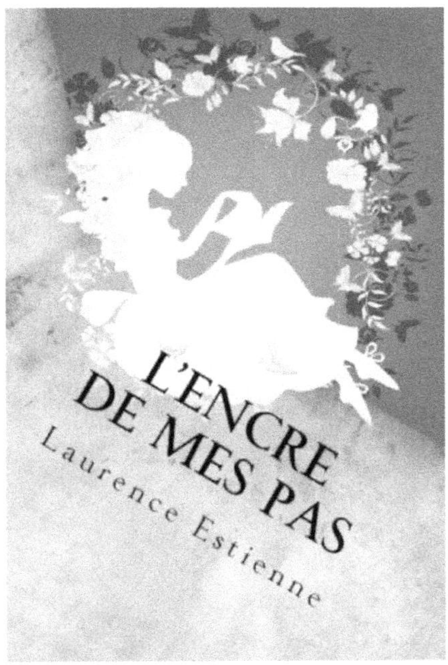

Cet ouvrage « L'encre de mes pas » est un guide pratique sur la généalogie à la recherche de nos ancêtres sur 250 ans d'histoire, depuis le XVIIIe siècle à nos jours. Il a pour but d'une part, d'établir avec aisance son arbre généalogique pré-imprimé sur 7 générations à l'aide des 127 fiches personnalisées pré-remplies et d'offrir d'autre part, la création de son génogramme, outil indispensable à l'identification et la compréhension transgénérationnelle. Connaître les 4 clés du système familial conduit au détachement des influences familiales de cet héritage invisible, éclaire son chemin de vie, pour l'aborder avec sérénité et devenir l'acteur de sa destinée. Il amène le lecteur vers un voyage dans le passé à la rencontre de ses ancêtres et le pousse à l'écriture de ses mémoires jusqu'à leur publication grâce à de précieux conseils.

« L'encre de mes pas teinte mon inconscient, coule dans mon sang et colore ma vie. »
ISBN 979-10-95925-95-8   10 décembre 2018

Livre sur la santé : Adieu fibromyalgie !

La fibromyalgie se caractérise par des douleurs musculo-tendineuses et articulaires sur l'ensemble du corps accompagnées de raideurs musculaires et de sensibilité au toucher. Longtemps considérée comme une maladie psychiatrique, la fibromyalgie est reconnue depuis 1992 comme une maladie rhumatismale par l'Organisation Mondiale de la Santé et depuis le mois d'août 2017 par la CPAM en France. **« Sortir du schéma d'otage d'un destin qui ne nous appartient pas »**, tel est le cheminement apporté par mon livre pour aider ces êtres souffrant dans leur chair à briser les liens qui les retiennent captifs et enchaînés au passé en leur donnant l'espoir de retrouver rapidement leur jeunesse et leur vitalité. Outre un réel soulagement, et un espoir d'une vie meilleure, il ouvre la porte de sortie vers un horizon dégagé sans contrainte ni douleur, à la recherche de sa jeunesse trop vite perdue. **Cet ouvrage offre une vision concrète de la fibromyalgie et éclaire sur une réflexion, des conseils de vie et des solutions pertinentes.** ISBN 979-10-95925-00-2 **février 2016**

Le Luxe d'être Soi

Roman policier Bas les Masques

Le carnaval de Venise bat son plein en ce mois de février de l'An mille neuf cent trente-deux. Le temps frais et ensoleillé attire les badauds en centre-ville sur la place principale au pied de la basilique Saint-Marc surmontée de son clocher. C'est jour de fête ! La place devient tout-à-coup noire de monde. Elle explose de couleurs chatoyantes et acidulées, clinquantes et dorées, des costumes aux détails soignés ajustés douze mois durant par le ballet d'aiguilles orchestré par les mains de couturières chevronnées sur les bobines de fil de coton pour le grand plaisir des carnavaliers. Dans un bouquet majestueux de couleurs et de senteurs parfumées de demoiselles enrobées et enrubannées, la magie des lieux accentue la beauté féérique des retrouvailles. Qui devient un homme distingué ? Qui s'affiche en femme mondaine ? Cheveux au vent ou perruque soignée, chapeau ou parure surmontés, le secret est bien gardé. C'est une période où les intrigues deviennent coutumières. Tout-à-coup, un attroupement en plein cœur de la place. Une femme éplorée crie la perte de son enfant. ISBN 979-10-95925-14-9 **Paru en Décembre 2017**

Romance Petite étoile de Provence

Plongez dans une véritable saga familiale dès la fin du XIXe siècle dans le midi de la France en vue de découvrir la petite étoile de Provence qui scintille dans le ciel et au cœur de nos mémoires.

ISBN 979-10-95925-02-6 **Paru en septembre 2016**

Le Luxe d'être Soi

Littérature jeunesse

CONTE ILLUSTRE Sous l'Océan

Plongez au cœur de l'océan pacifique et venez partager l'aventure extraordinaire de Napoléon et ses amis dans le lagon enchanté. Rencontres, suspense, aventures et rebondissements se mêlent dans une féérie où l'amitié et l'amour triomphent. ISBN 979-10-95925-01-9 **Paru en février 2016 pour les 6/8 ans**

Le Luxe d'être Soi

ROMAN JEUNESSE 8/12 ans

Au pays des Maharajahs

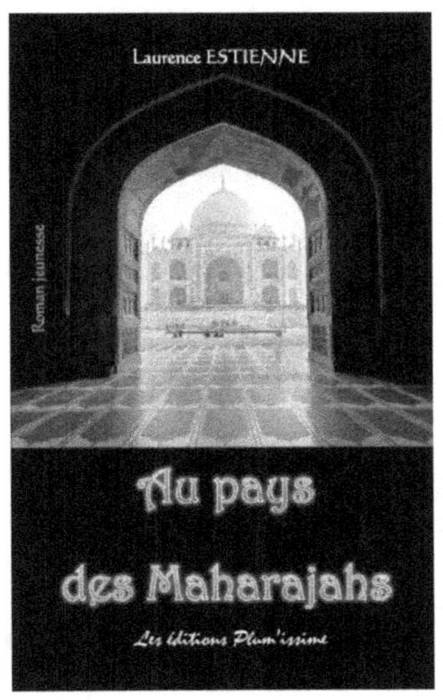

Envolez-vous dans ma fabuleuse aventure en Inde ! Venez partager mon univers, découvrir les splendides paysages et les majestueux palais des Maharajahs de la vallée des Rois pour résoudre l'énigme mystérieuse cachée depuis des siècles. Anshu, prince du désert ISN 979-10-95925-13-2 **Paru en Août 2016**

Recueil de 40 poèmes : D'Amour et d'Amitié

ISBN 979-10-95925-71-2 **Paru en octobre 2016**

Le Luxe d'être Soi

Conception et illustrations de couverture réalisées par Laurence Estienne

Imprimé aux Etats-Unis - Achevé d'imprimer en février 2019 par Amazon

Dépôt légal : Février 2019

Les éditions Plum'issime

plumissime.fr

15 boulevard Limbert B - 84000 Avignon ☎ 0.432.700.273
plumissime123@gmail.com

ISBN 979-10-95925-98-9

9791095925989

PRIX TTC **8,90 €**